アルゼンチンのお茶目な
はちわれねこ
ホァニ〜

Juani

THE SHYEST CAT ON EARTH
猫族一番のはにかみ屋さん

歌＆ピアノ　片山陽子
VOICE ＆PIANO　YOKO KATAYAMA

ハンナ

アルゼンチンのお茶目な

はちわれねこ
ホァニ〜

Ⅰ　リトル・ホァニー（デュエット歌唱）……… 4

Ⅱ　ホァニーの子守歌 ………………………………10

ホァニー　プロフィール

本名 ホアニータ。愛称 ホァニー。(多分)アルゼンチン生まれ。
ご近所一帯に在住。年齢は不詳。
木の葉が揺れても身を隠す大変な怖がりさん。
実はお茶目でクールで綺麗好き。
お客様があると、しっとり妖艶な風情で熟女に変貌。
折々にマッサージを注文するのみ、決して邪魔せず、
聞き分けよく、礼儀正しく、ホァニーほんとに猫かしら？
種族はハチワレ・タキシード。
白黒半々の顔の鼻先と口元に黒い太鼓判あり。
背中側と尾っぽは黒、お腹側と足先は白。
丸くなるとどこが何やらわからなくなる迷彩仕様。
主な活動は昼寝。好きなもの：オペラとピアノ。
掃除機と雷と写真は苦手。カメラを向けるとたちまちヘン顔に。

リトル・ホァニー

THE SHYEST CAT ON EARTH

（デュエット歌唱）

K.F. 様へ捧ぐ

かたやまようこ　作詞

片山陽子　作曲

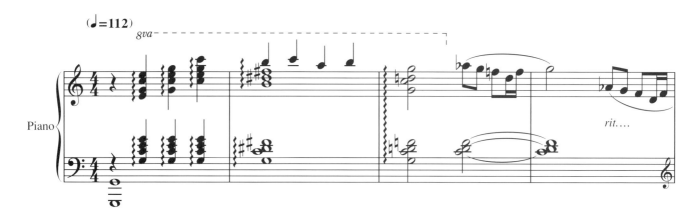

© 2020 Yoko Katayama

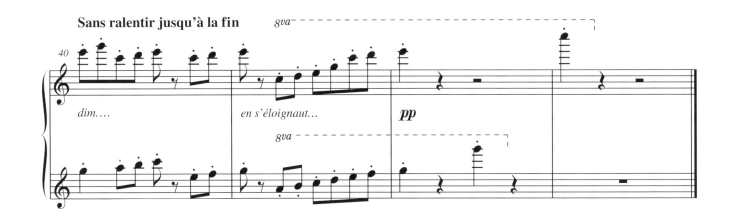

アルゼンチンのお茶目なはちわれねこ

リトル・ホァニー
～ The shyest cat on earth ～

作詞　かたやまようこ

リトル　ホァニー　ペケニャニャ (pequeñaña)　ホァニー

小柄で控えめ　とってもビビリちゃん

忍び足で　そっとそっと　窓から覗いて張り込みモード

それから最初は　小さな声で呼びます

ミァウ　ミァウ　どんどんクレッシェンド

ほんとはホァニー　おしゃべり大好き　だから　ホァニー！　Mi Amor！

リトル　ホァニー　ペケニャニャ (pequeñaña)　ホァニー

今日もそろりそろり　やってきました

Buen día！Cómo estás?　夕べはぐっすり眠った？　ご飯ちゃんと食べた？

やわらかおっぽ　右に左に　そっと絡めて寄り添って

ときどき流し目 winky

My lovely ホァニー！　ホァニー！　Te quiero！

ホァニーの子守歌
Juani's lullaby

M.M さんへ捧ぐ

かたやまようこ　作詞

片山陽子　作曲

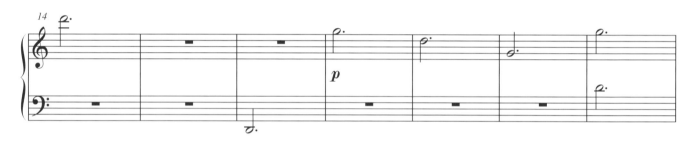

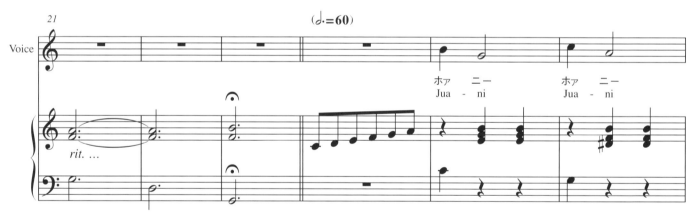

あれは
a re wa

ふゆのひの ごご　　ひだまりで いっしょに あお
fu yu no hi no　go go　　hi da ma ri de　i - ssho　ni　a o

12

13

© 2020 Yoko Katayama

14

駆けっこしてるの？
kakekko shiteruno?

ホァニー？
Juani?

Animé (♩.=68)

heureux

ホァ
Jua -

ニ
ni

— gen - tle cat

ゆ め の ゆ め
yu me no yu me

(♩.=60)

Cédez...

doux

アルゼンチンのお茶目なはちわれねこ

ホァニーの子守歌
〜 Juani's lullaby 〜

作詞　かたやまようこ

ホァニー　ホァニー　ホァニー　ホァニー
Mon amour　Mi amor　My love
目を閉じて　小さくグルグルルル　　微笑んでまどろむホァニー
いつまでもこうしていましょうね　　ホァニー

あれは冬の日の午後
陽だまりで一緒に　青い青い空　眺めたね
それから　ベランダで並んで涼んだ　あの夏の宵　　覚えてる？　ホァニー？

幸せの匂い　胸に一杯抱きしめて　まぁるくなって　腕枕して
ホァニー　眠る　眠る　眠る
時々　うんと伸びをして
プルプル！　尾っぽが！　プルプル！　プルプル！　　プル・・・プル・・
駆けっこしてるの？　ホァニー？

ホァニー　gentle cat　夢の夢の中

Juani

Juani

Juani

作曲者プロフィール

片山陽子　ピアニスト

大阪府生まれ。1975年フランス政府給費留学生として渡仏。名匠アルド・チッコリーニの薫陶を受け、パリ国立高等音楽院を1等賞で卒業。同院研究課程修了後、渡英。ロンドン音楽院ARCMディプロマ授受。英国人ピアニストの夫、クリストファー・ブラックと、フランス・ブルゴーニュ地方の小村で、中世の歴史的建造物自宅を手作りで5年余をかけ、コンサートホールに改築。同地に国際芸術祭“ラ・トゥール・ド・バッシー音楽の夕”創設、主宰。国際親和の稀有なオアシスとして名声を馳せる。2001年渡米。現在、アルゼンチンを拠点に活動中。夫ブラックとのピアノデュオは世界各地で高く評価され、また多くの世界的アーティストとの対談やヨーロッパ、ラテンアメリカの音楽事情の紹介にも努める。著書に「セ・シ・ボン、デュオ！～ふらんすに芸術祭創設の記～」(1994／95)、「アルゼンチン音楽探訪 ～ときめきのラテンアメリカ～」(2016年　ハンナ)ほか、「やさしいピアノ連弾名曲集」(1992年　東京音楽社)、ピアノ四手連弾のための「おかあさん、あのね」(2010年　ショパン)、歌唱曲「アルゼンチンの不思議なみけねこニャッチ」(2019年　ハンナ)などの作曲、編曲、CD多数。

ウェブサイト：www.blackatayama-pianoduo.com
YouTube 配信ビデオ：PIANO DUO COLLECTION

アルゼンチンのお茶目な はちわれねこ ホァニ～

2023年10月17日　初版発行

著　者　　片山陽子

発行人　　井澤彩野

発　行　　株式会社 ハンナ

　　　　　〒153-0061 東京都目黒区中目黒 3-6-4 中目黒 NN ビル 2F
　　　　　Tel 03-5721-5222　Fax 03-5721-6226

楽譜浄書・印刷　　ホッタガクフ
デザイン　　　　　根津美樹